CÉPHALE
ET
PROCRIS,

BALLET-HÉROIQUE,

REPRÉSENTÉ,

POUR LA PREMIÈRE FOIS,

PAR L'ACADEMIE-ROYALE

DE MUSIQUE,

Le Mardi 2 Mai 1775.

PRIX XXX. SOLS.

AUX DÉPENS DE L'ACADÉMIE.

A PARIS, Chés DELORMEL, Imprimeur de ladite Académie, rue du Foin, à l'Image Sainte Genevieve.

On trouvera des Exemplaires du Poeme à la Salle de l'Opera.

M. DCC. LXXV.

AVEC APPROBATION ET PRIVILEGE DU ROI.

Les paroles ſont de M. MARMONTEL, de l'Académie Françoiſe.

La Muſique eſt de M. GRETRY.

PRÉFACE.

LE plus beau de tous les Spectacles pour les yeux, de l'aveu de l'Europe entiere, est celui de l'Opéra François, & il sera de même, si on le veut bien, le plus ravissant pour l'oreille. Notre Poëme Lyrique, tel que le génie de Quinault l'a conçu, est pour la Musique une source de beautés plus féconde que le Poëme Lyrique Italien, parce qu'en même temps qu'il est susceptible des mouvements les plus passionnés, des tableaux les plus pathétiques, il oppose à ces couleurs sombres, des contrastes d'une variété & d'une richesse inépuisable; au lieu que la Tragédie, dénuée du merveilleux, & dans son austere simplicité, ne présente presque jamais, qu'un fonds triste, & peu favorable à ce mêlange de couleurs, qui fait le charme de la Musique.

Pour sentir combien le systême du merveilleux peut donner plus d'essor & à la mélodie & à l'harmonie, que l'on suppose l'Auteur d'Armide environné de Musiciens, tels que Métastase en a eu; qu'on le suppose instruit des moyens de leur art pour animer le Dialogue, dessiner & arrondir le chant, donner à la déclamation plus de chaleur & d'énergie dans le Récit accompagné; qu'on le suppose, travaillant de concert avec un *Porpora*, un *Pergolese*, un *Galuppi*, un *Jumelli*; c'est alors qu'on aura l'idée du plus sublime accord entre la poésie de la parole & celle du chant, & des effets prodigieux que cet ensemble doit produire.

Le malheur de l'Opéra François, a été qu'un Poëte doué d'un imagination si belle, d'un coloris si pur & si brillant, d'un style si mélodieux, si élégant, si naturel, & quand il le falloit, si élevé, si énergique, toujours au ton de son sujet, & à la hauteur même du merveilleux qu'il a introduit dans ses fables ; que ce Poëte, dis-je, n'ait pas eu, dans son tems, des Musiciens dignes de lui. Ce n'est pas que Lulli ne fut alors ce qu'il pouvoit être avec du génie & du goût ; mais son art étoit dans l'enfance, tandis que celui de son Poëte avoit acquis toute sa force & toute sa maturité.

Ce malheur ne sera réparé, s'il peut jamais l'être, que lorsqu'il se rencontrera un Poëte assez désintéressé, assez courageux, assez habile, pour travailler & réussir à rendre les Poëmes de Quinault susceptibles des nouvelles beautés dont la Musique s'est enrichie, sans leur faire perdre, du côté de la Scêne, les beautés encore plus précieuses qui les distingueront toujours.

En attendant, on fera des essais très-inférieurs, sans doute, à ces chef-d'œuvres ; mais ces essais auront le mérite de favoriser la Musique, & d'en développer les ressources & les trésors. Celui-ci, donné aux fêtes de la Cour en 1773, est l'un des premiers où l'on ait entrepris de concilier le merveilleux & le spectacle de l'Opéra François, avec la coupe des Airs, des Duo, du Récitatif obligé, & des emsembles à l'Italienne ; & à titre d'essai, il obtiendra peut-être l'indulgence que l'on accorde aux nouveautés qui ont pour objet d'étendre la sphere des arts.

C'est du 7e. Livre des Méthamorphoses d'Ovide qu'est pris le sujet de ce Poëme. Voici comment Céphale y raconte lui-même son aventure.

(*) Montagne de l'Attique.

Deux mois n'étoient pas écoulés depuis mon hymen avec Procris, lorsque du sommet de l'Himette *, qui est toujours couronné de fleurs, l'Aurore ayant dissipé les ombres, m'apperçut chassant dans les bois, & m'enleva. (Qu'il me soit permis de dire la vérité, sans offenser la Deésse.) Quoique ſon teint ait l'éclat des roſes, quoi qu'elle regne ſur les confins de la nuit & du jour, & qu'elle s'abreuve de nectar, j'aimois Procris; Procris étoit ſans ceſſe dans mon cœur, & ſon nom ſur mes levres. La Déeſſe eut pitié de moi. » Ceſſe, me » dit-elle, ingrat, ceſſe tes plaintes, va retrouver Procris. » Mais ſi mes preſſentimens ne ſont pas vains, tu ſouhai- » teras de ne l'avoir jamais revue; & dans ſa colere elle me » renvoya.....

Je faiſois le bonheur de ma femme, elle faiſoit le mien. Uniquement occupés du ſoin de nous plaire & de nous aimer, Procris n'eut pas préféré le lit de Jupiter au lit de ſon époux; Vénus même, avec tous ſes charmes, eut-elle voulu me ſéduire, j'aurois réſiſté à Vénus. Nos cœurs brûloient des mêmes feux.....

Dés que le ſoleil éclairoit les montagnes, l'ardeur de la jeuneſſe & l'amour de la chaſſe me faiſoient voler dans les bois..... J'avois pour arme un javelot qui ne partoit jamais en vain; mais lorſque j'étois las de le tremper dans le ſang des bêtes ſauvages, je cherchois la fraîcheur de l'ombre, & j'appellois à moi AURA, ce vent léger qui s'élevoit des humides valons. C'étoit la douce AURA que j'implorois au milieu de l'ardeur du jour; elle étoit mon délaſſement, après une courſe pénible; & dans mes chants, il m'en ſouvient encore, *Viens*, lui diſois-je, AURA, *viens dans mon ſein, me ſoulager, calmer, comme tu fais ſi bien, l'ardeur du feu qui me conſume.* Peut-être même ajoutois-je quelques mots plus doux & plus tendres; car j'étois entraîné par mon mauvais deſtin. Il m'arrivoit quelquefois de lui dire: *Tu es pour moi la volupté même; tu me ranimes, tu m'enchantes, tu me fais chérir les bois & leurs ombrage ſolitaire; c'eſt ton ſouffle délicieux que ma bouche y vient reſpirer.*

Quelqu'un entendit ces paroles, & ſon oreille y fut trompée : il prit le nom d'AURA, tant de fois répété, pour le nom de quelque Nymphe dont j'étois amoureux, & alla le dire à Procris.

L'amour eſt naturellement crédule. Procris, à ce récit, tomba évanouie ; & lorſquelle eut reprit ſes ſens, elle s'écria, qu'elle étoit la plus malheureuſe des femmes...... Cependant elle ſe flatte encore qu'on a pu la tromper, ou ſe tromper ſoi-même : l'indice qu'on lui a donné ne lui ſuffit pas ; elle veut, par ſes yeux, s'aſſurer de mon crime.

Le lendemain, les rayons de l'Aurore avoient à peine affacé les étoiles ; je ſors & je vais dans les bois. Après ma chaſſe, je reviens me repoſer triomphant à l'ombrage ; & couché ſur un gaſon frais, *Viens*, dis-je, AURA, *Viens me délaſſer, me faire oublier mes travaux.* Alors je ne ſai quels gémiſſemens ſe mêlerent à mes paroles ; mais je ne laiſſai pas de répéter, *Viens donc, viens mon aimable* AURA. Dans l'inſtant même un bruit léger ſe fit entendre à travers le feuillage ; je crus que c'étoit quelque bête féroce, & je lançai mon javelot. C'étoit Procris, *&c.*

ACTEURS ET ACTRICES
CHANTANTS DANS LES CHŒURS.

Côté du Roi.		Côté de la Reine.	
Mesdemoiselles.	*Messieurs.*	*Mesdemoiselles.*	*Messieurs.*
Fontenet.	Cailteau.	le Bourgeois.	Candeille.
d'Hautrive.	Héri.	d'Agée.	Vatelin.
Veron.	Lagier.	des Rosières.	l'Écuyer.
Renard.	Van-Hecke.	de l'Or.	Tourcati.
Garrus.	Martin.	Chenais.	Ghuiot.
Rouxelin.	le Grand.	Denis.	Capoi.
Duval.	Hallmans.	de Merei.	Moreau.
Longeau.	Boi.	Thaunat.	Tourvel.
Bellier.	Huet.	Dussée.	Méon.
Sanctus.	Itasse.	Constance.	Beghaim.
de Sivri.	Parant.	de Beaulieu.	Cleret.
S. Aubin.	Jouve.		Tacusset.
	Patoulet.		Baillon.
			de Lori.
			Fagnan.

ACTEURS CHANTANTS.

PROCRIS,	Mlle. le Vasseur.
L'AURORE,	Mad. l'Arrivée.
CÉPHALE,	M. l'Arrivée.
FLORE,	Mlle. Mallet.
PALÈS,	Mlle. Châteauneuf.
LA JALOUSIE,	Mlle. du Plant.
L'AMOUR,	Mlle. Chateauneuf.
UNE NYMPHE,	Mlle. Mallet.
LE SOUPÇON,	M. de la Suze.

NYMPHES DE DIANE,
LES HEURES DU MATIN,
ZÉPHIRS, SILVAINS, DRIADES,
SUITE DE PALÈS.
SUITE DE LA JALOUSIE,
SUITE DE L'AMOUR.

PERSONNAGES DANSANTS.

ACTE PREMIER.

NYMPHES DE *DIANE.*

Mlle. DORIVAL.

Mlle. JULIE.

Mlle. PESLIN.

Mlles. du Parc, Christe.

Mlles. Martin, du Bois, Jonveau, le Hou, Montauban, du Bauchet, du Mesnil, des Champs, la Blottière, Lolotte, Verteuil, Belletour, Bigotini, Mulaire.

ACTE SECOND.

UNE NYMPHE A LA SUITE DE FLORE.

Mlle. LE CLERC.

HEURES DU MATIN.

Mlles. d'Elfebvre, Perolle, Durville.

ZÉPHIRS.

Mrs. Leger, le Doux, le Breton.

SILVAINS.

M. GARDEL, l.

M. D'AUBERVAL.

Mrs. Henri, Huart, Rivet, Dangui, Hennequin, l., du Chaisne, Petit, Balderoni.

DRÏADES.

Mlle. PESLIN.

Mlles. Gertrude, Fanfan, de Milli, du Bauchet, l'Huillier, Lallin, des Champs, Jamart.

SUITE DE PALÈS.

Mrs. Dossion, Caster.

Mlles. Henriette, du Mont.

ACTE TROISIÈME.

PREMIER DIVERTISSEMENT.

SUITE DE LA JALOUSIE.

Mlle. VERNIER.

Mrs. Giroux, Barré.

Mrs. des Bordes, du Pré, le Roi 2., Laval, la Rue, Fontaine, Dussel, Perolle.

DEUXIÈME DIVERTISSEMENT.

SUITE DE L'AMOUR.

ENDIMION,	M. VESTRIS.
DIANE,	Mlle. GUIMARD.
L'AURORE,	Mlle. JULIE.
HESPER,	M. GARDEL.
L'AMOUR,	Mlle. MICHELOT.

PLAISIRS ET JEUX.

Mrs. le Doux, le Breton.
Mlles. d'Elfebyre, du Bois.

M[rs]. Doſſion, Caſter, Guillet, Giguet, Barré, l'Argilliere, le Bel, Aubri, Hennequin, l., Simonet, Petit, du Chaiſne.

Mlles. Martin, Jonveau, Lallin, l'Huillier, Gertrude, Fanfan, du Meſnil, du Mont, du Parc, Bigotini, Baudouin, de Milli.

PROCRIS

CÉPHALE
ET
PROCRIS.

ACTE PREMIER.

Le Théâtre repréſente une forêt.

SCÈNE PREMIÈRE.

L'*AURORE ſeule, déguiſée en Nymphe des bois.*

C'EST ici que le beau Céphale
Se repoſe au milieu du jour.
J'ai quitté, pour le voir, la rive orientale;
Et pour lui je deſcends du céleſte ſéjour.

Écho de ce bois ſolitaire,
Soyez favorable au myſtere ;
Gardez les ſecrèts de l'amour.

(*Les buiſſons fleuriſſent & les oiſeaux chantent.*)

Mais, par un charme involontaire,
Ma préſence embellit tous les lieux d'alentour.

A I R.

Naiſſantes fleurs, ceſſez d'éclore.
Oiſeaux indiſcrèts, taiſez-vous.
Vous révélez aux Dieux jaloux
L'aſyle où ſe cache l'Aurore.

Mais à ma voix loin d'obéir,
Tout s'emprèſſe à me rendre hommage.
Ces fleurs, ces parfums, ce ramage,
Tout ſemble vouloir me trahir.

Naiſſantes fleurs, ceſſez d'éclore.
Oiſeaux indiſcrèts, taiſez-vous.
Pour charmer l'amant que j'adore,
Gardez vos accents les plus doux.

J'entends du bruit. Mon cœur palpite.
C'eſt lui. Je tremble. Amour! quel eſt donc ton pouvoir?
Dans le trouble où je ſuis, il faut que je l'évite.
Goûtons en liberté le plaiſir de le voir.

(*Elle ſe cache.*)

SCÊNE II.

CÉPHALE, *ſeul.*

AIR.

DE mes beaux jours que le partage eſt doux !
Puiſſent les dieux n'en être point jaloux.
Le plaiſir m'appelle à la chaſſe ;
Le bonheur m'attend au retour.
Loin de ſe nuire tour-à-tour,
L'amour me donne plus d'audace,
Et la chaſſe encor plus d'amour.

Brillante Aurore, tu me vois
Franchir les monts, courir les bois ;
Et quand le jour brûle la plaine,
Que l'ombrage a pour moi d'attraits !
Le plus doux des vents, le plus frais,
AURA, ſous ce feuillage épais,
Vient me flatter de ſon haleine.

Mais plus heureux, quand vient le ſoir,
Oui, cent fois plus heureux encore,
Quand vient le ſoir,
Je vais revoir
Ce que j'adore.

De mes beaux jours que le partage eſt doux !
Puiſſent les dieux n'en être point jaloux.

SCÈNE III.

L'AURORE, CÉPHALE.

L'AURORE.

JEune chaſſeur, au fond des bois,
N'avez-vous pas vu mes compagnes ?

CÉPHALE.

Non, depuis que l'Aurore a doré les montagnes,
Je chaſſe, & je n'entends ni le cor, ni la voix.
Mais une Nymphe ſi belle,
Dans les bois s'expoſe-t-elle,
Sans javelot, ni carquois ?

L'AURORE.

Hélas ! ſi vous êtes ſenſible,
Mon malheur va vous affliger.

CÉPHALE.

Parlez. De l'adoucir que ne m'eſt-il poſſible !

L'AURORE.

Un Dieu, qui me pourſuit, me fait tout négliger.

CÉPHALE.

Un Dieu?

L'AURORE.

Le plus puiſſant, & le ſeul invincible.

CÉPHALE.

Jupiter?

L'AURORE.

Jupiter obéit à ſes loix.

CÉPHALE.

Ah! c'eſt l'Amour.

L'AURORE.

Jugez du trouble où je me vois.

AIR.

Mon cœur, bleſſé d'un trait de flâme,
Réſiſte & combat vainement.
Rien n'eſt ſi beau que mon amant;
Rien n'eſt ſi tendre que mon âme.
Fait pour l'amour, jeune & charmant,
Rien n'eſt ſi beau que mon amant.
Je veux le fuir, & je le doi;
Mais dans ma chaîne
Tout me ramène,
Malgré moi.

La violence
D'un long ſilence
A, pour mon cœur,
Trop de rigueur.
Abſente,
Préſente,
Je brûle & languis.
Ma gloire s'alarme;
L'amour la déſarme;
Et je lui dis :

Mon cœur bleſſé, *&c.*

CÉPHALE.

Vous allez donc quitter Diane ?

L'AURORE.

Et le puis-je, ſans l'offenſer ?
L'exemple de Procris me défend d'y penſer.

CÉPHALE.

De Procris !

L'AURORE.

La Déèſſe à périr la condamne.

CÉPHALE.

Que dites-vous ?

L'AURORE.

T'elle eſt ſon inflexible loi;

Et l'amant de Procris lui-même,
Doit, en immolant ce qu'il aime,
Venger la Déèsse.

CÉPHALE.

Qui? moi!

L'AURORE.

Vous, Céphale? Ah! fuyez un destin si funeste.

CÉPHALE.

C'est envain qu'il m'est annoncé.
Non, non, tous les dieux, que j'atteste,
L'auroient vainement prononcé.

AIR,

Moi! punir celle que j'adore!
La punir de m'avoir aimé!
Ah! d'un amour que j'allumai,
Si Diane s'irrite encore,
A sa colere, que j'implore,
Je livre ce cœur enflâmé.
Moi! punir celle que j'adore,
La punir de m'avoir aimé!

DUO.

Venge-toi, Déesse implacable.

Je t'offenſai : je ſuis coupable.
Sans mon amour, hélas! ſans moi,
Procris t'auroit gardé ſa foi.
Oui, que ta vengeance m'accable;
Mais qu'elle n'accable que moi.

L'AURORE, en Duo avec lui.

Non, non, tu n'ès pas le coupable.
Arrête, Déeſſe implacable!
Cruel, tu me glaces d'effroi.

Du bruit du cor j'entends réſonner les montagnes.
C'eſt dans ce lieu que mes compagnes
Viennent chercher l'ombre & le frais.
On dit qu'une Nymphe nouvelle
Y doit, à la chaſte immortelle,
Venir conſacrer ſes attraits.
Éloigne Procris; avec elle,
Crains de t'expôſer à leurs traits.

CÉPHALE.

Je n'ai donc plus d'eſpoir? Je n'ai donc plus d'aſyle?

L'AURORE.

Il en eſt un pour toi.

CÉPHALE.

Parlez.

L'AURORE.

Vers l'orient,

Sur

Sur le côteau le plus riant,
L'Aurore a ſon palais tranquille.
Du Dieu du jour Diane eſt la brillante ſœur ;
Du Dieu du jour l'Aurore a reçu la naiſſance ;
Peut-il lui refuſer d'être le défenſeur
De l'amour & de l'innocence ?

CÉPHALE.

Au palais de l'Aurore un mortel introduit !

L'AURORE.

Où ne pénetre pas le dieu qui te conduit ?

AIR.

Va, crois-moi, va, ſans plus attendre,
Elle eſt favorable aux amours.
Je ſais combien ſon cœur eſt tendre ;
Et je te promèts ſon ſecours.

(*Elle ſort.*)

SCÈNE IV.

CÉPHALE, PROCRIS.

PROCRIS.

(à part.)

JE l'ai vue. O dieux! quelle eſt belle!
Hé bien, Céphale, he bien, de ton ardeur nouvelle,
Eſt-ce à tort que je m'alarmois?

CÉPHALE.

Ceſſe de m'accabler d'un injuſte reproche.
Je t'aime, hélas, plus que jamais.

PROCRIS.

Volage époux, ſi tu m'aimois,
Te verrois-je interdit, tremblant à mon approche?

CÉPHALE.

O ma chere Procris! en violant tes vœux,
Qu'as-tu fait?

PROCRIS.

Mon bonheur.

CÉPHALE.

Le malheur de tous deux.

PROCRIS.

Ah ! j'ai donc cessé de te plaire.

CÉPHALE.

Éloigne toi. Crains la colère
Qu'à Diane inspirent nos feux.

PROCRIS.

Ne m'abandonne pas ; je crains peu tout le reste.
J'ai sauvé mon amant d'un désespoir funeste :
Mon cœur s'en applaudit, loin de se démentir.
Toute la puissance céleste
Ne m'en feroit pas repentir.

CÉPHALE.

Hélas ! si tu savois !

PROCRIS.

Je sais que je t'adore ;
Et la foudre en éclats seroit prête à partir,
D'avoir tout fait pour toi je ferois gloire encore.

CÉPHALE.

Et c'est moi ! . . Non jamais, ni mon cœur ni ma main...
Que dis-je ? & du sort inhumain
Quel mortel a jamais évité la poursuite ?
Ma seule esperance est la fuite :

Adieu.

PROCRIS.

Cruel !

(*Elle veut l'embrasser*).

CÉPHALE, *avec effroi & en la repoussant.*

Arrête ! arrête ! éloigne toi.

PROCRIS.

Tu frémis dans mes bras ! je te glace d'effroi !

CÉPHALE.

Tremble toi-même.

PROCRIS.

O ciel !

CÉPHALE.

Un crime inconcevable
Dont jamais, non, jamais je ne ferai coupable,
M'eſt prédit par les Dieux.

PROCRIS.

Acheve.

CÉPHALE.

Ton époux
Doit de ſa main venger Diane.

PROCRIS.

Toi!

CÉPHALE.

La cruelle m'y condamne :
Tu dois expirer ſous mes coups.
Laîſſe-moi du ſort qui m'accable
Éprouver ſeul toute l'horreur ;
Et redoute une main que Diane en fureur
A juré de rendre coupable.

DUO.

PROCRIS.

Donne-la moi, dans nos adieux,
Cette main, que je ne puis craindre.

CÉPHALE.

A l'immoler, c'eſt vous, grands Dieux,
C'eſt vous qui voulez me contraindre !

PROCRIS.

Ah! de la lumière des cieux
Qu'une autre main prive mes yeux ;
J'y conſens, & meurs ſans me plaindre.

CÉPHALE.

Ah ! de la lumière des cieux

Qu'un même instant prive nos yeux ;
J'y consens, & meurs sans me plaindre.

ENSEMBLE.

D'un nœud si beau, d'un sort si doux
Les Dieux devoient être jaloux.

ALTERNATIVEMENT.

Ils n'aiment pas comme je t'aime.
Non, Céphale, } dans le ciel même,
Non, non, Procris, }
On n'est pas heureux comme nous.
Par quel supplice ils l'empoisonnent
Ce bonheur, si pur, si parfait !
En nous aimant, qu'avons-nous fait,
Que suivre un penchant qu'ils nous donnent ?

ENSEMBLE.

O Sort ! n'as-tu pas
Assez de victimes,
D'écueils & d'abîmes
Tu semes nos pas.
Content de nos pleurs,
Quand tu nous opprimes,
Laisse-nous sans crimes
Subir nos malheurs.

(*Ils se séparent*).

SCÊNE V.

LES NYMPHES DE DIANE.

LE CHŒUR, *avec la danse.*

RAssemblons-nous sous ce feuillage;
Laissons pâsser l'ardeur du jour.
Le beau séjour!
Le bel ombrage!
Est-ce l'asyle de l'amour?
Non, non : le trouble suit l'Amour;
L'Amour se plaît dans le ravage;
La paix habite ce séjour.

(*Une jeune* NYMPHE *est reçue parmi celles de* DIANE, *& l'une d'elles, jouant le rôle de* L'AMOUR, *lui apprend à se défendre des artifices de ce Dieu*).

UNE NYMPHE, *seule.*

Fière indiférence,
Sois l'appui de l'innocence.
Fière indiférence,
Défends nos cœurs.
L'Amour envain soûpire;
Résiste à son empire.

A ſes attraits vainqueurs
Oppôſe tes rigueurs.
Romps ſes traits, romps ſes nœuds,
Éteins ſes feux.
Sourire & larmes,
Tout, dans ſes charmes,
Eſt dangereux.

Fière indiférence, &c.

(*Le Ballet termine l'Acte*).

FIN DU PREMIER ACTE.

ACTE

ACTE SECOND.

*(Le théâtre est d'abord rempli de nuages légers, qui se dissipent, & laissent voir l'*AURORE *dans son palais, environnée de sa cour, & couchée sur un lit de roses).*

SCÈNE PREMIÈRE.

L'AURORE *endormie*, FLORE, PALÈS, *& la cour de l'*AURORE.

FLORE, PALÈS & LE *CHŒUR.*

ÉVeillez-vous, charmante Aurore,
Montez sur le trône des airs:
Déjà la surface des mers
Blanchit, s'éclaire & se colore.
Éveillez-vous, &c.

L'AURORE, en s'éveillant.

Céphale !.. Il ne vient point encore.

FLORE & PALÈS.

Bientôt le jour est près d'éclore.

LE *CHŒUR.*

Fille du jour, charmante Aurore,
Hâtez-vous d'éclairer les airs.

(*L'*AURORE *se leve, & s'avance sur le vestibule de son Palais*).

FLORE.

Vous soûpirez. Quelle tristesse
Obscurcit l'éclat de vos traits ?
Vos yeux sont errants & distraits.

PALÈS.

Est-ce avec nous, belle Déèsse,
Que vous dissimulez vos déplaisirs secrèts ?

L'AURORE.

Vous savez, pour Tithon, quelle fut ma tendresse.

FLORE.

La douce langueur qui vous prèsse,
Annonce des desirs, & non pas des regrèts.

L'AURORE.

Hé bien, d'une ardeur sans égale,
Il est vrai, mon cœur est épris.

FLORE.

Vous aimez?

L'AURORE.

J'adore Céphale;
Et Céphale adore Procris.

AIR.

Que je ſuis à plaindre!
Hélas! j'ai beau feindre:
Les hommes, les dieux,
Tout lit dans mes yeux.
Je baigne de larmes
Mon char radieux;
Et de mes alarmes
Je remplis les cieux.
Plaiſirs, vous naiſſez,
Et me délaiſſez,
Moi, qui vous fais naître!
Je fais les beaux jours;
Et ſans les connoître,
Je languis toûjours.

FLORE.

Quoi! l'Aurore, en aimant, n'eſt pas ſûre de plaire!
Je n'ai pas vos attraits; Zéphire eſt ſous mes loix.

L'AURORE.

Zéphire étoit léger ; ſon cœur a fait un choix.
Céphale, heureux amant, n'a plus de choix à faire.
Ah ! que n'eſt-il volage ! & que ne puis-je avoir,
Ou moins d'amour, ou plus d'eſpoir !
J'ai laiſſé dans ſon cœur les plus vives alarmes ;
Lui-même il doit venir implorer mon appui.
Embelliſſez ma cour ; ajoutez à mes charmes ;
Et qu'ici, par vos ſoins, tout ſoit digne de lui.

TRIO.

L'AURORE, FLORE & PALÈS.

Dieux du printems, Dieux des bergers,
Jeunes Silvains, Faunes légers,
Belles Nayades,
Jeunes Driades,
Quittez les bois & les vergers.

FLORE & PALÈS.

Enfants de la ſaiſon nouvelle,
Plaiſirs naiſſants,
Zéphirs careſſants,
Venez ; l'Aurore vous appelle.
Dieux du printems, Dieux des bergers,
Suivez la cour de l'immortelle ;
Vous n'y ſerez pas étrangers.

SCÈNE II.

L'AURORE, FLORE, PALÈS,
DIVINITÉS *formant la Cour de* PALÈS *& de* FLORE.

LE CHŒUR.

VOlons en foule au-devant d'elle ;
Quittons nos bois & nos vergers.
Suivons la cour de l'immortelle ;
Nous n'y ferons pas étrangers.

L'AURORE.

Vous qui d'un vol léger, vous qui d'un front ferein,
Devancez le char de l'Aurore,
Heures brillantes du matin,
Tracez à l'amant qu'elle adore
Le cours du plus heureux deftin.

(*Les Heures fe mêlent avec les Dieux, fuivants de* FLORE *& de* PALÈS. *A l'arrivée de* CÉPHALE, *l'*AURORE *fe retire, avec toute fa Cour, dans l'intérieur de fon palais, dont les portes fe ferment.* FLORE *feule refte fur le veftibule.*)

SCENE III.

CÉPHALE, FLORE.

FLORE.

MOrtel, qui vous amene en ce brillant séjour?

CÉPHALE.

J'y viens offrir des vœux à la fille du jour.
Je la vois en vous.

FLORE.

Moi, l'Aurore!
En me flattant vous l'offensez.

CÉPHALE.

Si ce n'est pas elle, c'est Flore.

FLORE.

Ah! si vous balancez,
Vous me flattez encore.
Et quels traits par les siens ne sont pas effacés?

CÉPHALE.

Vous qu'elle aime, à mes vœux rendez la favorable.

FLORE.

Si vous demandez un appui,

Il eſt un mortel adorable,
Qui fera plus, lui ſeul, que tous les Dieux, ſans lui.

CÉPHALE.

Et quel eſt ce mortel?

FLORE.

Ce n'eſt plus un myſtère:
L'Amour s'en eſt vanté dans l'Olimpe, à Cythère.
L'Aurore eſt ſous ſes loix; elle a donné ſon cœur;
Et, pour le couronner, elle attend ſon vainqueur.

CÉPHALE.

Il doit venir?

FLORE.

C'eſt lui que les Plaiſirs demandent,
Lui que l'Amour, la Gloire & le Bonheur attendent;
C'eſt pour lui que dans ces beaux lieux,
S'annonce une fête nouvelle;
Et celle qui charme les Dieux,
Craint de n'être pas aſſez belle,
Et n'ôſe paroître à ſes yeux.

CÉPHALE.

Ah! s'il étoit ſenſible à ma douleur mortelle!..
Oui, je veux l'attendre & le voir.

FLORE.

Adieu. Dites-lui qu'auprès d'elle
L'Amour lui remet son pouvoir.

SCÈNE IV.

CÉPHALE, seul.

AIR.

PArois, mortel amoureux.
Hélas ! seroit-il possible
Qu'il ne fût pas généreux ?
L'Amour l'aura fait sensible,
Avant de le rendre heureux.

Parois, mortel amoureux :
L'Amour t'aura fait sensible,
Avant de te rendre heureux.

Aux délices de ta cour,
Belle Aurore, tout conspire.
O Dieux ! quel est votre empire,
Quand vous régnez par l'Amour !

Parois, mortel, *&c.*

SCÈNE V.

CÉPHALE, PALÈS, *la cour de* L'AURORE.

(*La cour de* L'AURORE *environne* CÉPHALE, *& s'emprèsse à lui plaire.*)

LE CHŒUR.

Rival des dieux,
Rival digne d'envie,
Vois coûler dans ces lieux
Tes jours délicieux ;
Goûte à longs traits tous les biens de la vie,
Et des plaisirs inconnus dans les cieux.

(*On danse.*)

CÉPHALE, *au milieu du Ballet.*

Est-ce une erreur? Je crois à-peine
Ce que j'entends, ce que je voi.
Non, dieux charmants, ce n'est pas moi
Que sous vos loix l'Amour amene.

(*On danse.*)

PALÈS.

Tu vois le séjour
D'une immortelle,

Dont l'Amour
Suit la Cour.
Le plaisir s'éveille avec elle.
Avec moins d'éclat, elle est plus belle
Que le jour,
Oui, plus belle qu'un beau jour.
Trop heureux l'amant fidele,
Qui vivra pour elle !
Trop heureux, s'il obtient d'elle,
Qu'elle s'engage à son tour !

Tu vois le séjour, *&c.*

(*On danse.*)

SCÊNE VI.

(*Le palais s'ouvre, l'*AURORE *y paroît sur son trône, environnée de sa Cour.*)

CÉPHALE, L'AURORE, FLORE, PALÉS, *la Cour de l'*AURORE.

CÉPHALE.

DÉésse des beaux jours,
Vous que la terre adore,

Et qu'elle croit toûjours
Revoir plus belle encore;
C'eſt à vous, tendre Aurore,
Que Céphale a recours.
Je viens, au nom d'un Dieu
Qui vous ſuit en tout lieu,
Vous prier de m'entendre.
Des mortels amoureux,
Vous voyez le plus tendre,
Et le plus malheureux.
C'eſt par vous, tendre Aurore,
Que Céphale oſe encore
Eſpérer d'être heureux:
Rendez-vous à ſes vœux.

L'AURORE, à ſa ſuite.

Aux barrières du jour, Heures, allez m'attendre.

(*La cour de L'AURORE ſe retire, & la laiſſe ſeule avec* CÉPHALE.)

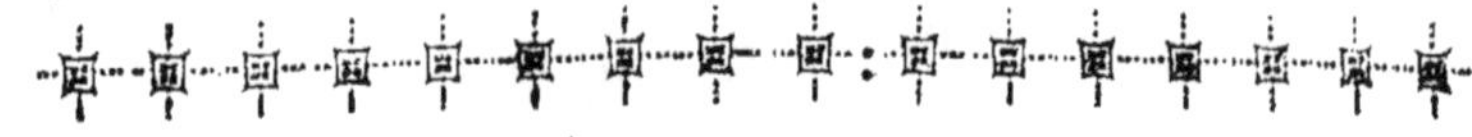

SCÈNE VII.

L'AURORE, CÉPHALE.

(*L'Aurore, vient au devant de* CÉPHALE).

CÉPHALE, à part.

QU'entends-je ? A ſes traits, à ſa voix...

L'AURORE.

Oui, Céphale, tu la revois:
C'eſt elle-même.

CÉPHALE.

Vous, Déeſſe! eſt-il poſſible?

L'AURORE.

Pour fléchir les Dieux ennemis,
L'Aurore, à tes malheurs ſenſible,
Fera plus qu'elle n'a promis.

AIR.

Ne vois-tu pas ce qui m'engage
A plaindre & ſoulager tes maux?
J'ai pour confidents ces oiſeaux;
Céphale, écoute leur ramage.

Dès que je parois dans les cieux,
Toute la Nature à tes yeux
Doit parler le même langage.

CÉPHALE.

Un mortel!

L'*AURORE.*

Un mortel, jeune, aimable & sensible,
Se fait adorer en tout lieu.
Aux charmes de Tithon rien ne fut impossible;
Et Tithon n'étoit pas un Dieu.
Mais les Dieux, tu le sais, sont jaloux de leur gloire:
Il faut briser des nœuds que Diane a proscrits;
Il faut, pour l'appaiser, ne plus revoir Procris.

CÉPHALE.

Ne plus la voir!

L'*AURORE.*

C'est la victoire
Dont je te réserve le prix.
Vois ce palais brillant: il sera ton asyle.

CEPHALE.

Ah! belle Aurore, ce séjour
Doit être riant & tranquille.

L'AURORE.

Le feroit-il fans toi ?

CÉPHALE.

D'une plainte inutile
Je le remplirois nuit & jour.

L'AURORE.

Tu veux me fuir !

CÉPHALE.

Je veux, ou revoir ce que j'aime,
Ou dans le fond des bois, aller, feul à moi-même,
Mourir de douleur & d'amour.

L'AURORE.

DUO.

Si tu revois ta complice,
Penfe au danger que tu cours.

CÉPHALE.

Vivre loin d'elle eft un fupplice :
La mort fera mon recours.

L'AURORE.

Diane eft inexorable.

CÉPHALE.

Le juſte Ciel, qui m'entend,
Me ſera plus favorable.

L'AURORE.

Diane eſt inexorable,
Et ton malheur eſt conſtant.
Dans le ſein de ton amante...

CÉPHALE.

Je frémis. N'achevez pas.

L'AURORE.

Dans le ſein de ton amante....

CÉPHALE.

Arrêtez! N'ajoûtez pas
A l'horreur qui me tourmente.

L'AURORE.

Dans le ſein de ton amante
Tu vas porter le trépas.

CÉPHALE.

Dans le ſein de mon amante,
Qui, moi! porter le trépas!

L' AURORE.

Il en eſt tems encore;
Ah! préviens tes malheurs.

CÉPHALE.

Rendez-moi, belle Aurore,
A l'objet de mes pleurs.

L' AURORE.

Par les mains de l'Aurore,
Laiſſe filer tes jours.

CÉPHALE.

L'ennui qui me dévore,
Me pourſuivroit toûjours.

L' AURORE.

Tu cours au bord d'un abîme.

CÉPHALE.

Ah! c'eſt le crime du ſort.

L' AURORE.

Si Procris meurt, c'eſt ton crime.

CÉPHALE.

CÉPHALE.

La trahir ſeroit mon crime;
Mais ſi le Ciel veut ſa mort,
Eſt-ce à moi qu'en eſt le crime?
Non, c'eſt le crime du Sort.

(*Le char de* L'AURORE *s'avance; & les Heures viennent avertir la Déèſſe qu'il eſt tems d'annoncer le jour.*)

L'AURORE.

L'heure fatale me prêſſe
D'aller annoncer le jour.
Vois mes pleurs, vois ma tendreſſe
Ne quitte pas ce ſéjour.

CÉPHALE.

Si mon ſort vous intereſſe,
En faveur de ma tendreſſe
Implorez le Dieu du jour.

SCÈNE VIII.

L'AURORE, CÉPHALE, FLORE & PALÈS.

LES HEURES *au fond du Théâtre.*

QUATUOR.

L'AURORE.

IL me fuit ; rien ne l'étonne.

FLORE & PALÈS.

Ah, Céphale !

L'AURORE.

Il m'abandonne ;
Il veut courir au trépas.

FLORE & PALÈS.

Tu veux courir au trépas !

CÉPHALE.

A mon ſort je m'abandonne ;
C'eſt l'Amour qui me l'ordonne.

L'AURORE.

Ah ! conſens qu'il te couronne,
Qu'il t'enchaîne dans ſes bras.

CÉPHALE.

Procris aux pleurs s'abandonne ;
Je veux voler dans ſes bras.

FLORE & PALÈS.

Cede aux Plaiſirs pleins d'appas,
Dont la foule t'environne.

CÉPHALE.

Procris aux pleurs s'abandonne ;
Je veux voler dans ſes bras.

FLORE & PALÈS.

Le cruel vous abandonne ;
Il veut courir au trépas !

L'AURORE.

Le cruel ! il m'abandonne ;
Il veut courir au trépas.
Dans le ſein de ton amante...

CÉPHALE.

Je frémis. N'achevez pas.

FLORE & PALÈS.

De ſon ſang ta main fumante.

CÉPHALE.

Arrêtez ! N'ajoûtes pas
A l'horreur qui me tourmente.

L'*AURORE, FLORE, PALÈS.*

Dans le ſein de ton amante,
Tu vas porter le trépas.

CÉPHALE.

Dans le ſein de mon amante,
Qui, moi ! porter le trépas !

FLORE & PALÈS.

Le cruel vous abandonne ;
Il veut courir au trépas.

L'*AURORE.*

Le cruel ! il m'abandonne.

FLORE & PALÈS.

Le cruel vous abandonne.

CÉPHALE.

Laîſſez-moi. Rien ne m'étonne.
Rien n'arrête ici mes pas.

(L'*AURORE monte ſur ſon char, & accompagnée des Heures du matin, que portent de legers nuages, elle s'éleve dans les airs.*)

FIN DU SECOND ACTE.

ACTE TROISIÈME.

Le Théâtre représente un lieu aride, âpre & desert, au milieu d'un bois.

SCÈNE PREMIÈRE.

LA JALOUSIE & *sa suite.*

LA JALOUSIE.

RÉCITATIF obligé

Fille cruelle de l'Amour,
Je haïs le dieu qui m'a fait naître.
L'insensé m'a donné le jour,
Et ne veut pas me reconnoître;
Je le méconnois à mon tour.
Noir Soupçon, que ce dieu condamne,
Des cœurs jaloux, triste vautour,
Vengeons la gloire de Diane:
Diane déteste l'Amour.

LE *SOUPÇON* & LE *CHŒUR*.

Vengeons la gloire de Diane:
Diane détefte l'Amour.

LA *JALOUSIE*.

De fes autels & de fa cour,
Il eft chaffé comme un profane.

LE *CHŒUR*.

Vengeons la gloire de Dïane:
Diane détefte l'Amour.

LA *JALOUSIE*.

Fille cruelle de l'Amour...

LE *CHŒUR*.

Malheur au Dieu qui ta fait naître.

LA *JALOUSIE*.

L'infenfé, *&c.*

LE *CHŒUR*.

Vengeons, *&c.*

(*On danfe.*)

LA *JALOUSIE*.

Plein de douleur & d'épouvante,
Céphale eft errant dans ces bois.

Procris y viendra gémissante ;
Déguisons mes traits & ma voix.

(*Au milieu du Ballet, la* JALOUSIE *paroît tout-à-coup transformée en Nymphe, sous le même déguisement que l'*AURORE*, dans le premier acte. La troupe infernale prévoit l'effet de ce déguisement & s'en réjouit. La* JALOUSIE *& sa suite se retirent à l'arrivée de* PROCRIS.)

SCÈNE II.

PROCRIS, seule.

AIR.

TÉmoin de ma naîssante flâme,
De l'Amour, asyle charmant,
Temple, où je reçus le serment
Qui combloit les vœux de mon âme,
Rendez, rendez-moi mon amant.
Sans lui, dans mon inquiétude,
Je ne puis plus vivre un moment.
D'une éternelle solitude,
Aurois-je à subir le tourment ?

Témoin de ma naîssante flâme,
De l'Amour, asyle charmant,.

Temple, où je reçus le serment
Qui combloit les vœux de mon âme,
Rendez, rendez-moi mon amant.

Il m'abandonne à ma douleur mortelle.
La nuit vient; je l'attends. Le jour luit; je l'appelle.
Je l'appelle; il ne m'entends pas.

LA JALOUSIE, sans paroître.

Ah, Céphale! amant infidele!
Tu me fuis : tu veux mon trépas.

PROCRIS.

CÉPHALE! c'est lui qu'on appelle!

LA JALOUSIE.

Ah, Céphale! amant infidele!
Tu me fuis : tu veux mon trépas.

SCÈNE

SCÈNE III.

PROCRIS, LA JALOUSIE.

PROCRIS.

NImphe, quelle douleur vous prèsse?
Vous appellez Céphale, & vous versez des pleurs!

LA JALOUSIE.

Laissez-moi me cacher. Ma crédule tendresse
Cause ma honte & mes malheurs.

AIR.

Ah! j'ai bien mérité l'injure
Que je reçois de ses mépris.
De la belle & tendre Procris,
J'ai couronné l'amant parjure.
Ah! j'ai bien mérité l'injure
Que je reçois de ses mépris.

PROCRIS, à part.

DUO.

Ah! je succombe, j'expire.
Quelle gêne! quel martyre!
Amant trompeur!

LA JALOUSIE, à part.

Elle ſuccombe, elle expire.
Je lui déchire le cœur.

Suite de l'Air.

C'eſt ici, ſous ce même ombrage,
Qu'il ſoûpiroit à mes genoux.
AURA, diſoit-il, *c'eſt à vous*
Que les oiſeaux, dans leur ramage,
Adreſſent des accents ſi doux.

PROCRIS, à part.

AURA! c'eſt le nom qu'il répete:
C'eſt de ce nom fatal que j'étois inquiéte.

LA JALOUSIE.

AURA, n'ayons, loin des jaloux,
Pour témoins du nœud qui m'engage,
Que ces oiſeaux, l'Amour & nous.

PROCRIS, à part.

Ah! je ſuccombe, j'expire.
Quelle gêne! quel martyre!
Amant trompeur!

LA JALOUSIE, à part.

Elle ſuccombe, elle expire.
Je lui déchire le cœur.

PROCRIS.

Et ſavez-vous qu'elle eſt ſa nouvelle conquête ?

LA JALOUSIE.

Au palais de l'Aurore, hïer il ſe rendit ;
Et de leur amour, m'a-t-on dit,
Tous les dieux du printems ont célébré la fête.
Le volage en quittant ces lieux,
Voulut d'un promt retour me donner l'aſſûrance ;
Mais, trop certaine, hélas ! de ſon indiférence,
Je m'enfuis, ſans daigner recevoir ſes adieux.

PROCRIS, *à part.*

J'en fus témoin.

LA JALOUSIE.

Je crois l'entendre.
Eſt-ce bien lui ? Vient-il inſulter à mes pleurs ?
Ne m'abandonnez pas ; daignez ici m'attendre,
O vous, qu'un intérêt ſi tendre,
Semble attacher à mes malheurs.

(*Elle l'embraſſe, & ſe retire.*)

SCÈNE IV.

PROCRIS, seule.

RÉCITATIF OBLIGÉ.

PLus d'erreur : plus d'espoir qui console mon âme.
Céphale est une perfide, & je n'en puis douter.
Mon cœur me l'avoit dit ; je n'ôsois l'écouter.
Comme il s'est joué de ma flâme !
Quels adieux ! quel déguisement !
Il suppôse à Diane un noir ressentiment ;
Il frémit dans mes bras du danger qui me prêsse ;
Il verse dans mon sein des larmes de tendresse.
De tendresse !... o Dieux ! qu'aisément
On en croit les pleurs d'un amant !
Oui, cruel, oui, c'est toi qui venges la Déêsse :
Ton parjure est mon châtiment.

AIR.

Ah ! dans les bras de ma rivale,
Lorsque son cœur pressoit mon sein....
Jamais douleur ne fut égale.
C'est comme un fer assassin
Q'elle a plongé dans mon sein.

SCÈNE V.

LA JALOUSIE, PROCRIS.

LA JALOUSIE.

C'Eſt lui-même. Venez : nous allons le ſurprendre.
Laiſſons éclater ſon ardeur.
Ce bois nous favoriſe ; & vous allez apprendre
A connoître un perfide cœur.
(*à part.*)
Diane ! au courroux qui t'anime,
Elle ne peut plus échapper.
J'expôſe à tes coups la victime ;
Arme la main qui doit frapper.

SCÈNE VI.

CÉPHALE, *seul.*

N'Ai-je pas entendu sa voix ?
Je suis troublé jusqu'au délire.
Viens, AURA, viens, que je respire.
Tu m'as ranimé tant de fois !
Viens. Qu'un doux repos me soulage.
Mais, qui fait trembler ce feuillage ?
Et qu'ai-je entendu dans ces bois ?

AIR.

Tout m'épouvante, tout m'allarme;
Contre moi tout s'arme à la fois.
Repos, si tranquille autrefois,
Non, tu n'as plus pour moi de charme.
Tout m'épouvente, tout m'allarme;
Contre moi tout s'arme à la fois.
Malheur aux habitans des bois :
J'exercerai sur eux ma rage.
Il me reste encor mon courage,
Mes javelots & mon carquois.
Où fuir, hélas ? Sur quel rivage ?
Et dans quel antre assez sauvage ?

(*Il tombe dans l'égarement.*)

Monſtres affreux, éloignez-vous:
Vous allez tomber ſous mes coups.

(*Il lance ſon javelot.*)

Ah, Céphale!

PROCRIS, avant de paroître.

Ah, Céphale! je meurs.

CÉPHALE.

C'eſt Procris.

SCÈNE VII.

LES DÉMONS, CÉPHALE, PROCRIS,

LES DÉMONS l'environnant.

AH, barbare !

CÉPHALE.

O Dieux ! l'enfer de moi s'empare.
Ah ! laiſſez-moi. Dieux ! quels tourments !
Le ſort qui m'opprime,
Fait ſeul tout mon crime :
Ne ſéparez pas deux amants.

LES DÉMONS.

Ah, barbare !

CÉPHALE.

O Dieux ! l'enfer de moi s'empare.
Démons cruels, inhumains, furieux,
Quoi ! votre rage nous ſépare !

LES DÉMONS.

Amant perfide, époux barbare !
Allons, ſuis-nous dans le tartare,
Époux barbare !

CEPHALE.

CÉPHALE.

Procris ! elle expire à mes yeux.

LES *DÉMONS.*

C'eſt ton forfait.

CEPHALE.

Les dieux l'ont fait.

LES *DEMONS.*

C'eſt ta fureur.

CÉPHALE.

C'eſt mon erreur.

LES *DÉMONS.*

Viens, perfide amant,
Viens dans la tartare :
Viens, on t'y prépare
Un plus cruel tourment.
Amant perfide, époux barbare !

CÉPHALE.

Qui ? moi, perfide ! moi, barbare !
Non, non, n'accuſez que les dieux.

LES *DÉMONS*, *lui montrant* PROCRIS *expirante dans les bras des furies.*

Regarde, voilà ton ouvrage.

CÉPHALE.

Procris! voilà donc mon ouvrage!

(*Il veut l'embrasser; les Démons l'arrêtent*).

Laissez-moi, cruels! quelle rage?
Procris! elle expire à mes yeux!

O vengeance implacable!
Et c'est moi qu'elle accable!
Ah! pour un vrai coupable,
Que feriez-vous, grands Dieux?

LES *DÉMONS.*

Subis, amant coupable,
Le malheur qui t'accable.
C'est un arrêt des Dieux.

CEPHALE.

L'enfer m'environne;
Le ciel m'abandonne.
Affreux désespoir!

LES DÉMONS.

L'enfer t'environne;
Le ciel t'abandonne.
Pour toi plus d'espoir.

CÉPHALE

Ah, Procris!

PROCRIS, *expirante.*

Ah, Céphale!

CÉPHALE.

O vengeance implacable!

LES DÉMONS.

Subis, amant coupable,
La vengeance des Dieux.

CÉPHALE.

L'enfer m'environne;
Le ciel m'abandonne.
Affreux désespoir!

LES DÉMONS.

L'enfer t'environne;
Le ciel t'abandonne.
Pour toi plus d'espoir.

CÉPHALE.

Quoi, plus d'eſpoir !

LES *DÉMONS.*

Non, plus d'eſpoir.

(*UNE ſymphonie céleſte ſe fait entendre ; les Démons épouvantés diſparoîſſent. Le théâtre change & repréſente le palais de l'*AMOUR. PROCRIS *vient tomber dans les bras de* CÉPHALE, *& ſe ranime inſenſiblement.*)

SCÈNE DERNIÈRE.

CÉPHALE, PROCRIS, L'AMOUR, *& sa suite.*

L'*AMOUR.*

BElle Procris, revois le jour;
Sois un exemple mémorable
De la puissance de l'Amour.

PROCRIS, à CÉPHALE.

Je te revois!

CÉPHALE, à PROCRIS.

Tu vois le jour!

ENSEMBLE.

Dieu puissant! Prodige adorable!
C'est le triomphe de l'Amour.

LE *CHŒUR, avec eux.*

C'est le triomphe de l'Amour.

(*On danse.*)

L'AMOUR.

AIR.

Plus d'ennemis dans mon Empire.
Que Diane cede à ſon tour;
Et qu'à ſon tour elle ſoûpire,
Dans les chaînes de l'Amour.

(Dans ce moment, paroît DIANE *irritée contre l'*AMOUR*, qui lui dérobe ſa vengeance; &, le javelot à la main, elle veut elle-même s'élancer ſur* PROCRIS *L'*AMOUR *l'arrête & la menace. Survient l'*AURORE*, à qui elle veut inſpirer le reſſentiment qui l'anime. L'*AURORE *plus douce, l'invite à pardonner comme elle; & lui montre dans le jeune* HESPER *le vainqueur que l'*AMOUR *lui donne.* HESPER *eſt le dieu qui préſide à l'étoile du matin. Il ſe joint à l'*AURORE *pour appaiſer* DIANE*; mais* DIANE *plus indignée, ſe précipite à-travers la foule des Plaiſirs, qui veulent envain la retenir. Comme elle va frapper* CÉPHALE*, qui défend* PROCRIS*, & qui ſe préſente à ſes coups, l'*AMOUR *la déſarme & la bleſſe.* DIANE *tombe dans les bras de l'*AURORE*, & à l'inſtant même elle voit* ENDIMION *à ſes genoux. Elle réſiſte & ſe défend; mais elle eſt réduite à ſe rendre, & ces deux couples, l'*AURORE*,* HESPER*,*

DIANE, ENDIMION, enchaînés par les Plaisirs, viennent tomber aux piés de l'AMOUR.

CHŒUR *dialogué, sur la Chaconne.*

A tous les dieux
L'Amour commande.
Rien ſous les cieux
Qui s'en défende.
Il eſt partout victorieux.
Sur nous ſans-cèſſe il a les yeux.
Il ne délaîſſe pas la foibleſſe;
Un cœur qu'il bleſſe;
Eſt cher à ſes yeux.
A ſes coups
Abandonnés-vous, tous:
Il fera de vous,
En dépit des jaloux,
D'heureux époux.
Livrés-vous
Au dieu qui vous bleſſe.
Suivés tous.
Un penchant ſi doux.

A tous les dieux, *&c.*

Tendres cœurs, c'eſt vous qu'il demande;
Et vos feux naiſſants

De ses autels sont l'encens.
Il ne veut que vous pour offrande;
Et tous vos desirs
Vont se changer en plaisirs.

A tous les dieux, *&c.*

(*Le Ballet & le Chœur terminent le Spectacle.*)

F I N.

APPROBATION.

J'Ai lu, par ordre de Monseigneur le Garde des Sceaux, *Céphale*, & *Procris*; & je n'y ai rien trouvé qui m'ait parut devoir en empêcher l'impression.

A Paris, ce 17 Mars 1775.

CRÉBILLON.

www.ingramcontent.com/pod-product-compliance
Ingram Content Group UK Ltd.
Pitfield, Milton Keynes, MK11 3LW, UK
UKHW021635260726
13994UKWH00003B/1193

9 782329 496405